ÖMTÅLIGT GODS

Roger Johansson

ÖMTÅLIGT GODS

VARM POESI

© 2012 Roger Johansson
Boksättning och omslagsutformning: BoD
Förlag och tryck: BoD
ISBN: 978-91-7463-858-5

FÖRORD

Vänskap är ömtåligt gods som alltid måste hanteras varsamt.

Vänskap är huvudtemat i den diktsamling ni håller i er hand. Under det dryga halvsekel jag har vandrat här på vår jord, har övertygelsen vuxit sig starkare för varje år. Övertygelsen om att vänskap och möten mellan människor, är det som skapar mening i livet. Möten med människor som får oss att orka med alla uppförsbackar och vedermödor, som dyker upp på vår vandringsled.

Värmen den där speciella som vi träffar på några få gånger, men som är så viktig att inte slarva bort, är också en del av innehållet i boken. Möten som blir till nära vänskap, eller det unika mötet som blir till livslång kärlek. Den där känslan i kroppen när en medmänniska kliver över tröskeln och sätter sig tillrätta djupt in i din själ, är en känsla som måste vårdas väl. Det är svårt att hitta en lyckligare människa än någon som hittat sitt livs kärlek, eller en person som har fått bevis på att vänskapen till någon, är precis så djup som han eller hon har drömt om.

Jag har haft förmånen att uppleva genuin glädje många gånger, efter några väl valda ord eller en extra varm kram. Både som sändare och mottagare. Så snåla inte med de snälla orden och den varma kramen, både när det gäller vänskap och djupare relationer. I en allt tuffare värld behöver vi människor stanna upp ibland och förmedla den där värmen, som vi allt för ofta gömmer undan långt in i vår själ.

Slutligen önskar jag alla er läsare en trevlig stund med min diktsamling.

VARMA POESIHÄLSNINGAR
Roger Johansson

ÖMTÅLIGT GODS

Skör som porslin
vackrare
än hon själv
någonsin
kommer att förstå

sitter hon
som under
bar himmel

och låter oron
härja fritt

visar att kärleken
hotar slita hjärtat
ur hennes sköra kropp

svunnen tid

minnesbilder
från stunder
i känslornas stenbrott

kommer upp
till en yta
som just idag
gör ögon våta

mannen
som suttit tyst
lägger handen
på skört porslin

tittar försiktigt
på kvinnan mittemot

och känner värmen
från en vänskap
som hittat
hela vägen in.

SMÅLAND

Till glasblåsarnas rike
vandrar mina tankar iväg,

till vackert glas,

till en färgsprakande
traditionsbunden konst.

Viljan att skapa
det unika,

det ingen annan
tidigare mäktat med,

driver glasblåsaren
att prestera
på toppen av sin förmåga.

Vår unika vänskap
utmanar min själ,

hindrar mättnadskänslan
att ta överhand,

stimulerar kreativiteten
till en andra vår

och får glädjen
att brinna lika intensivt
som en smältugn
i glasblåsarnas rike.

VÄNNER FÖR LIVET

Människor
springer omkring,

sitter stilla

finns som skuggor överallt.

Några få
är så mycket mer,

blir till vänner
och påverkar
allt som sker.

De här unika

får aldrig förloras
till skuggornas dal,

aldrig

springa omkring
vind för våg.

Vänner för livet
är möten
du alltid kommer ihåg.

I DEN BÄSTA AV VÄRLDAR

På bommen
i lunchtimmans
allra intensivaste brus,
sitter jag
och minns min barndom
med hjälp av farfars snus.

Sällskapet
mittemot
är en vacker kvinna,
en dam
på väg framåt
som älskar att vinna.

Hon berättar
om kärleken
till boll och sand,
hon berättar om sin far
som lärde henne att simma
trots att han höll sig på land.

Via väg 157,
källarinbrott
och några viktiga beslut,
har vi hamnat
i lunchtimmans
allra sista minut.

Precis innan fönsterputsarna
har tagit sig igenom
restaurangens ruta,
reser vi oss upp
och betalar notan
utan att pruta.

Utanför
pratar vi på
en stund till,
i storstadsvimmel
bland människor
som aldrig står still.

VÄRME

Avslappnad
med en puls
i fullständig balans,

efter en medicinering
du inte hittar
någon annanstans.

Sitter han
på sitt kontor
och känner sig rik,

efter ett samtal
med en kvinna
som är helt unik.

All samlad ångest
har besegrats
av lena stämband,

mjuka vokaler
har lugnat nerver
som varm sand.

Tänk vilken förmån
att känna någon
med exceptionell förmåga,

en kvinna som brinner
för sin omgivning
med intensiv låga.

EN VACKER BILD

År har passerat
gjort oss äldre
med obeveklig precision,

men bilden av dig
har aldrig bleknat
bara varsamt lagts i dvala.

Nu när jag ser dig
komma längs gatan
efter evigheter utan kontakt,

ler jag lyckligt
för bilden brinner igen
flödar över av varma färger.

Tänk att en
sådan vacker kvinna
som dig min vän,

har någon så enkel,
en man utan något speciellt
som mål för sin promenad.

BLÅTT VATTEN

På plank
som åldrats
under många år
i flödande sol
och i bister vinterkyla,

ligger en kvinna
och ser på
betraktaren
med en blick
som andas finurlighet.

En bensindunk
står väderbiten
och väntar i bakgrunden
ifall kvinnan
får slut på bränsle.

Men vi som vet,
vi som upplevt
en speciell kvinna
full av energi
och tokiga upptåg,

förstår att bensinen
är till för något
mindre vackert
som brukar färdas
på blått vatten.

För kvinnan
i fotografens lins
har aldrig slut
på vare sig bränsle
eller nyfikenhet.

EN VARM HAND

Att tycka om
någon lite mer
är en så häftig
känsla att äga.

Bara släppa efter
för allt som sker
med vetskapen
att tyngre
kan inget väga,

än vår vänskap
som symboliseras
av en varm hand
som vi efter många år
känner för varandra.

Vi är två själar
som för längesen
stuckits i brand
med en vänskap
mer levande
än för många andra.

KÄRLEKENS ALLÉ

Tystnaden är total
i ödslig kupé,

flera dygn utan kontakt
får saknaden
att krypa inpå.

Fingertoppar trevar
efter mobilen
men stoltheten
segrar för stunden,

även om hjärtats
innersta vrå
förbannar beslutet.

Att längta
är att lida
med leendet
som ressällskap.

Någonstans
i kärlekens allé
hoppas hon
att han kliver på,

mannen hon älskar,

han som förvandlar
hennes trista liv
till ett sprakande,
gnistrande fyrverkeri.

ÖPPEN DÖRR

I en lokal som andas tradition
sitter jag med öppna sinnen
och lyssnar intensivt till kvinnan mittemot
som har tagit med mig på en resa
som är allt annat än ordinär.

Hon berättar om en barndom
där nyfikenheten var en ständig
följeslagare på hennes vandringsled
i ett land långt härifrån.

Hon berättar om sin farmor
som alltid hade en öppen dörr
för sitt barnbarn och som erbjöd
en extra trygghet som hon har burit
med sig ända sedan mycket unga år.

Jag lyssnar och fascineras av hur
en fin familj format hennes liv
och fostrat henne till en medmänniska
som känner en värme för sin omgivning
som på många sätt är helt unik.

Hennes livsglädje
och hennes mycket fina historia
lyckas till och med lysa upp
restaurangens erkänt dunkla atmosfär.

En fantastisk livshistoria
berättad av en kvinna som bara
på ett helt naturligt sätt
är lite bättre än många andra.

Jag tackar för lunchsällskapet
och reflekterar helt stilla för mig själv.

Tänk vad mångfald betyder för vårt land
och tänk vilken styrka det finns överallt i vårt
samhälle.

Runt om oss finns det många enskilda hjältar
med en enorm livskraft och en mycket varm själ.

GRÖNA SIDAN UPP

Många kämpar på
i ständiga uppförsbackar,
längtar in till depå
med ögon som flackar.

Några få, speciella
puttar på med vällust,
ber moder natur, snälla
vänta lite med iskall höst.

När vi granskar
gräsets längd med lupp
sitter det djupt i vår själ,
för med gröna sidan upp
blir en nyklippt gräsmatta
det som får oss att må väl.

00.23

När kvällen
har besegrats
av en iskall natt
får jag ett sms,

från vem?

Är det någon
som fått fnatt?

God kväll
från displayen
öppnar trötta ögonlock,

utan glasögon
smälter resten av orden
samman till ett och.

Uppe ur sängen
har jag snart
glasögon på,

för lite nyfiken
är man ju
faktiskt ändå.

I adventsstjärnans sken
får jag svaret
från vem,

hon som skickat
skall faktiskt vara uppe
ända till klockan fem.

ENSAM PÅ LINJEN

Att skjuta
sig i foten
är lätt hänt,

om du ensam
skall sköta
alla event.

Ta sig vatten
över huvudet
få bägaren full,

men du
gör ju det
för karriärens skull.

Så håll ut
snart är
vännen tillbaka,

då kan du
ta igen allt
du varit tvungen
att försaka.

LJUDLÖS MORGONSTUND

Ett skepp kommer lastat
ja, med vadå?

Tänk efter
gör inget förhastat,

lev inte
högt uppe i det blå!

Sov länge nu
låt tystnaden vara total,

tid finns ännu
vänd på kudden
där är den sval!

Lär dig faxen
eller använd
mailmöjligheten,

slipp lök på laxen
och den hemska
soluppgångsförtreten.

FRÖKEN SNABBA KLICK

Snabbare än blixten
extremt rask och kvick,
hon kallas inte Sixten
utan fröken snabba klick.

Det är en kvinna
som är oerhört speciell,
glimrande som en guldpengstia
och kvickare än en gasell.

Konsonanter och vokaler
lämnas ofta i ensamhet,
för i hennes lokaler
hålls mailen korta som alla vet.

Satsa och vinn är hennes motto,

så kyss gärna en groda
kanske vinner du på lotto,
eller blir anställd hos
fröken snabba klick från Töreboda.

TORKTUMLAD

När kvällen tagit över
sitter en man
i vardagsrummets
bästa fåtölj,

med rotfyllningens
metalliska smak i munnen
hör han tandläkarens röst,
varsågod och skölj.

Liknelsen passar utmärkt
på veckan som varit
när han summerar
allt tokigt som hänt,

så nu är det skönt
med en stund i fåtöljen
för mannen som inte längre
har källardörren på glänt.

JULAFTON

Att kunna säga
jag har en vän.

Att kunna känna
sig oförskämt rik

med en plånbok som är tom,

är en känsla
långtifrån självklar för alla.

En känsla som kan liknas
vid en lätt bris av välbehag,

en bris på en vandringsled,

där en väderbiten man
hör hur visdomen viskar.

Vårda väl
ta inget för givet,
glöm aldrig
dem som står dig nära.

DRESSIN

Trampa på,
på åldrad banvall,
ett äventyr
som följer given mall.

Vackra vyer
skog och mark,
det är en fördel
om du är stark.

Ta till vara på
sommarens sista sekunder,
men akta dig
för blixt och dunder.

Stanna och vila
vid någon vacker sjö,
lyft bort dressinen
så det inte blir kö.

Att färdas så här
är vissa stunder tufft,
men du kommer långt ifrån
buller och storstadsluft.

Så njut av ditt äventyr
krydda med lite rött vin
och se till att ta med en vän
som kan trampa dressin.

ÖDMJUKHETENS LIGA

I ligan
där ödmjukheten
ger många poäng,

spelar kvinnan
som aldrig
någonsin varit sträng.

Hennes sätt att vara.

Hennes underbart
lena röst,

besegrar alla dystra tankar,
allt som kan
förknippas med höst.

Omgivningen runtomkring,

vi som har förmånen
att vara hennes vän,

vet av erfarenhet
att hon vinner ligan
i år igen.

PÅ GENOMRESA

På
kommandobryggan
i kryddornas tjänst
under
några få sekunder,

en tillfällig station
för en man
som helst av allt
vill tjäna sitt levebröd
i ett maskinrum.

Kaptenen på skutan
en tokig poet
tackar för tiden
utan en enda blunder,

önskar lycka till
nu när jobbet till sjöss
har blivit mycket mer
än en ouppnålig dröm.

SOLNEDGÅNG

I bländande solsken
en högsommarkväll
sitter en ensam
man och gråter,

ett ordnat liv
åker numera karusell
efter ett snedsprång
livskamraten aldrig förlåter.

Viska stilla
smyg på tå,
om det slutar illa
finns ingen hjälp att få.

Kvinnan som passerade
var oerhört vacker
hennes utstrålning
besegrade allt förnuft,

hon stal hans själ
likt en hacker
tvingade honom att skjuta
skarpt från sin höft.

Priset att betala
lyser i neon,
när heta timmar blivit svala
står du där som ett fån.

Nu sitter han här
på en sommarvarm häll
och försöker förstå
sin huvudlösa affär,

en man som i andras ögon
inte längre är snäll
vägrar släppa taget
om minnesbilden av kvinnan
han fortfarande håller kär.

ENSAM

När fingertoppar
vilset söker värme
under ett lakan,

som aldrig någonsin
visat medmänsklighet,

blir ensamheten

så uppenbar
att mannen
får svårt att hålla,

tårar av desperation
på behörigt avstånd.

Tystnaden
blir ett eko
i höga decibel

och saknaden
blir en kyla,

som kan liknas
vid ett bottenfruset träsk.

VÅRVÄRME

Våren har ställt
en allvarig fråga,
så där nonchalant
tillbakalutad.

Plusgrader
har tänt en låga,
släppt fri någon
som varit inrutad.

Nog kan vi
känna igen oss,
le lite förläget
när våren tar över.

Efter minusgrader
släpper vi loss,
njuter av värmen
som vi alla behöver.

HÖSTSKRUD

Trots kamouflage
av en värmebölja,
får sommaren
snart besök,

då blir det svårt
att dölja,
att hösten gör
allvarliga försök.

Från farstutrappen
rakt in i ditt vardagsrum,
kliver bistra tider in
utan att vänta på beröm.

När mörka kvällar
slår sig ner,
kräver plats i soffan
hos dig och mig,

går det ej att hindra
det som sker,
du måste till värmen
säga tack och hej.

Som en viktig pjäs
i våra liv
blir vänskapen kvar,
ett ljus i mörkret
som faktiskt gör
hösten helt underbar.

GRÄNSLAND

Klädd i tvivel
står jag
i sen september
och ser en höst
i vackra färger,

samtidigt som kylan
sakta rullar in.

Är jag fascinerad
eller desperat?

Saknar jag värmen
eller kittlar tanken
på årets första snö?

Efter några sekunder
i landet ingenstans,

kommer jag på
att jag bor i Sverige,

här älskar vi årstider
ju mer markerat
desto bättre.

Efter den insikten
lutar jag mig tillbaks,

njuter av starka färger
samtidigt som tankarna
går till vinterjackan
när kylan blir för uppenbar.

4 NOVEMBER

När vi skriver november
har höstens starka färger
bleknat bort.

Vädret är så där
utan etikett,

förlorat i vilsenhet.

Ångesten över månadens
mycket låga siffra
kan bara dämpas,

av någon du tycker mycket om.

En vän som lyser upp
där årstiden har tappat förmågan.

En vän som tänder ljus
så djupt in i själen,

att månadens destruktiva stil
lämnas utanför i iskall novembernatt.

A.R.

Att kunna se ljuset
trots att någon
krossar glödlampor
mest hela tiden.

Att tina
det som är fruset.

Att mot smärtan
orka ta striden.

Kräver en
psykologiakrobat,

en individ
som är
allt annat än lat.

Någon som oss
med vilja av stål,

som bränner
negativa tankar på bål.

För vi vill inte in
i bidragskarusellen,

valsas runt bland folk
på de mest konstiga ställen.

Allt vi vill är att leva
ett liv som alla andra.

Så när motvinden
skall besegras,

är det skönt
att vi har varandra.

STARK I MOTVIND

På spegelblank vattenyta
är det ingen konst
att vara stark.

På saltat vatten
är det lätt att flyta
och ingen behöver
känna rädsla
i stillsam park.

Men i motvind
krävs beslutsamhet
för att orka till nästa nivå.

Så min vän visa styrka
stäng ingen grind,

släpp in framtiden
även om rädslan är lätt att förstå.

ISKALLA PENGAR

Högar av pengar
fyller madrasserna
i husets alla sängar.

Iskalla är lakanen ändå
trots att stoppningen
är den dyraste som går att få.

Varför undrar ägarinnan
jag är ju den
oförskämt rika kvinnan.

Svaret är ingen gåta
för budorden är
älska, glömma och förlåta.

Livet är ingen egotripp
där du slänger relationer
på en stinkande soptipp.

Då blir det iskallt
där endast ensamheten
finns som sällskap överallt.

För även om plånboken
är utan innehåll
behöver du inte svälta.

Om du har förmågan till empati
kan alla rummen förvandlas
till en härdsmälta.

Så lyssna och lär
livets riktiga värde
är ej rikedom och flärd.

Äkta vänskap är istället
det som gör vandringen
till en varm och lycklig färd.

EN FÅGEL PÅ TRÅDEN

Du är välkommen,

en enkel fras
tagen ur
sitt sammanhang.

Ord vackra
som Orreforsglas
träffar trumhinnan
med en mjuk klang.

Obegripligt
för någon utan empati.

Innehållslösa ord
för en iskall själ.

Vi andra som förstår
att vänskap
ej har inbyggd garanti,

tycker om när vännen
vill vara hack i häl.

TROTTOAREN

När vänskapen
vuxit sig stark,
blivit självklar
och brutit ny mark,

blir insikten
en skön trottoar,

för sällskapet
är en kvinna
som gör promenaden
så där mysigt underbar.

SOL I SINNET

Silvertärnan flyger långt
utan bekymmer,

längtan efter sol
gör vingarna starka
och motoriken smidig.

Graciös hållning
är ett kännetecken
för fågeln,

som får betraktaren
att le lyckligt
i spontanitetens anda.

I vår tillvaro
är den ett inslag
som suddar ut
regniga dagar

och

får solen att lysa
trots att oddsen
många gånger
talar starkt emot.

FÖR HENNES SKULL

Djupt in i min själ
har du tatuerat,

för hennes skull,

klätt mina sinnen
med vackra ord
i mjukaste bomull.

Jag är så glad
för hennes skull
är en komplimang,

en vänlig fras
med snälla ord
av högsta rang.

Ord som bara du
har förmågan
att leverera så här.

Ord målade
i ljusa färger
av en varm ordkonstnär.

TID ÖVER

I begynnelsen
när vi blev skapta
föddes vi med empati.

Men nu kommer känslan
allt oftare att den tiden
för längesen är förbi.

Desto större är lyckan
om du känner någon
som har egenskapen kvar.

Någon som tar sig tid
att sitta ner med vänner
och bara, vara underbar.

SAMFÖRSTÅND

När det regnar
småspik på tvären

och paraplyer
vrängs ut och in
av den tokiga blåsten,

träffas vi
och reder ut
alla blindskären,

bestämmer vad
som kan vänta
och vad som är måsten.

För när vi
lär känna varandra
höjs atmosfären,

då kan vi skörda
innan det vi sått
går förlorat till frosten.

VÄNSKAPSVINGAR

När jag fantiserar
med min tokiga hjärna,

ser jag en domherre
och en vacker silvertärna.

Ett omaka par
precis som du och jag,

men om vänskap
finns ingen skriven lag.

Här är det alltid
känslan som gäller,

för en riktig vän
är inget du beställer.

Så domherren
vill väldigt gärna,

fortsätta vara vän
med sin silvertärna.

OKTOBER

När hösten
håller fast
oss alla
i nypor av stål,

julmusten smakar
vinbärssaft,
nätterna är kalla
och drömmar bränns på bål.

Får en man
energi igen
av telefonrösten
som låter bekant,

tänk, du kan
glädja en vän
som fångats av hösten
ja, det är verkligen sant.

4 OKTOBER

Kvällen
är en torsdag,

centrum ligger nästan öde.

Vi fingrar på iskall öl
och längtar upp till en buffé,

vars belysning
förmodligen skapar prestationsångest
hos alla våra kärnkraftsverk.

Tänk att sitta så här
i goda vänners lag,

med själ och hjärta i full balans.

Tillsammans med några av de
finaste människor vår stad har att erbjuda,

samtidigt
som du njuter av mat och dryck
i en atmosfär som andas värme
och en vänskap som är på riktigt.

VÄSTGÖTAKLENOD

Stark som granit
är hon
vår Törebodatös,

Full av flit
när andra
stod vid kiosken och frös.

Färjan över kanalen
som liten
för femtio öre turen,

drömmar i skolsalen
som sträckte sig
långt förbi stadsmuren.

Flickan blev kvinna
och Göteborg
fick intelligens och ögonfröjd,

hennes driv att vinna
gör att hon
sällan ligger förtöjd.

Full av energi
men utan
ett uns av tålamod,

föremål för poesi
och dessutom
en unik västgötaklenod.

BJÖRKVED

När året
var flämtande nytt,
passerade hon förbi
på vår vandringsled.

Några timmar
i trevligt gemyt,
där hennes värme
fyllde rummet
som sprakande björkved.

Tack för din talang
att förmedla stämning
med små enkla ting.

Tack för din talang
att sprida värme
till alla runtomkring.

LUGN OCH RO

Jag har berättat.

Jag har diktat.

Försökt att uttrycka
min stora beundran.

Så efter månader
där tron sviktat,
känns det som jag äntligen
lämnat den tuffa tundran.

För det enkla
att bara lyfta luren,
när själen behöver ro
är nu möjligt igen.

Hon är tillbaka
över är regnskuren,
nu lyser solen åter
tack vare min vän.

VÄNSKAP

Ett leende
möter mig
redan i foajén,

kvinnans blick
förmedlar värme
till en frusen själ.

Tänk att vänskap
som är på riktigt
ej behöver några ord.

Ett leende,
en blick
fylld av medmänsklighet,

så blir dialogen
reducerad
till en osynlig statist.

SOM PÅ RÄLS

En liten glimt,

en flyktig sekund,

allt vi hinner säga
bollen är rund.

Vi konstaterar
än är det inte över,

lite tur
är allt vi behöver.

Men om jag
inte skulle vinna,

om turen mot förmodan
skulle försvinna,

finns det ett leende
som jag minns,

från fabriken
där jag arbetar som stins.

Ett leende
som klistrat sig fast,

även om det bara
passerat i all hast.

Så min vän
du är fortsatt
välkommen hit,

för med sådana besök
spelar det ingen roll
om tipset blir en nit.

VÄDERKVARNAR

I stormens öga
där alla skydd
för längesen
har blåst bort,

står en kvinna
mitt i karriären
och undrar hur
hon hamnat här.

Hennes tankar
vandrar bakåt
till tiden
när hon klev in,

med ambitionen
att förmedla
skarpa konsulter
till alla spekulanter.

Föga anade hon då
att det finns företag
som lever sina liv
som i en centrifug,

där förändringens vind
ofta blåser omkull
uppgjorda planer
som ett simpelt korthus.

Men så plötsligt
mojnar vinden
och en strimma ljus
syns i horisonten,

då ler kvinna
och konstaterar förundrat
att kunden faktiskt
ej har blåst bort.

För när några
snickrar vindskydd
bygger andra
vackra väderkvarnar.

KÄRLEKSRESAN

När imagen
är värdefull,
får inte fasaden
falla omkull.

Då blir resan
till ett romantiskt Prag,
en semestertripp
i goda vänners lag.

Att resans syfte
är klassisk romantik,
hålls hemlig
för nyfiken publik.

Men hans ögon
avslöjar han igen,
för bakom lyckta dörrar
älskar han sin flickvän.

VASASTAN

Nära trafiken
sitter jag nu,
med en kvinna
som varit i Peru.

Vacker som vanligt
pigg och glad,
kort sagt
en kvinna
som förgyller vår stad.

Vänskapen vi har
vårdar vi väl.
Varför?
Ja det finns tusen skäl.

I vårt samhälle
där slit och släng,
gjort relationer
lika sköra
som en maräng,

är en riktig vän
någon att luta sig emot
som är bekymrad
ifall du riskerar
en parkeringsbot,

lika viktig
som mat och vatten,
lika viktig
som sömn om natten.

Så min vän
tack för en
mycket trevlig kväll
och tänk på
att i min värld
är du alltid speciell.

PROMENADEN

Årstider
kommer och går,
veckor och månader
blir till år.

Starka solstrålar
värmer och förför,
vackra blommar
knoppas och dör.

Höstens nyanser
blir en färgparad,
som plötsligt övergår
i årets första minusgrad.

Allt går att uppleva
på vår vandringsled,
även möten som gör
vägen extra bred.

En fin människa
med vägverkstalang.

En fin människa
som gillar branta hang.

Har just slagit följe
bland vardagens alla måsten,
skapat lite extra lä
för den hårda blåsten.

Tänk att ett fint möte
kan skapa lä mot tuff vind,
torka tår i ögonvrån
och på åldersärrad kind.

KONSTNÄRINNAN

En mulen dag
tidigt i september
när regnet hotar
och hösten knackar på,

ringer han ett samtal
till en speciell kvinna
från en plats
lite i skymundan.

En välbekant röst
får regnet att tveka
och hösten
att känna sig vilsen,

hennes glada skratt
besegrar klorofyllen
och får träden
att tro på sommaren igen.

Kvar i farstun
står en förvånad höst
som nyss dominerade
klädd i grå kostym,

nu ser han istället
sommarskrud på naturens scen
målad av en konstnärinna
som faktiskt är hans vän.

UTAN TVIVEL

När du
slipper tveka.

När tvivlet
för längesen slutat eka.

Blir vardagens slit
lite lättare att bära.

För nu vet du
att det finns en vän
som står dig nära.

För skör är du,

din vän likaså.

Men tillsammans
hjälps ni åt,

för det är lättare
att vara två.

EVIG VÄNSKAP

När ensamheten griper tag
förföljer mig natt som dag,

blir existensen av en nära vän
det som tänder alla ljusen igen.

Många mil är det nu emellan
tyvärr ses vi alldeles för sällan.

Men vi har
evig vänskap tatuerad båda två,
ett smart knep
som gör att vi är tillsammans ändå.

EN VARM SEKUND

För en sekund
ja kanske två,
en overklig stund
men verklig ändå,

känner jag värmen
så starkt nära inpå,
rakt igenom kavajärmen
bättre går inte att få.

I almanackan styr
november kall och rå,
men kramen som gör mig yr
besegrar allt det grå.

Jag njuter
ytterligare en tiondel,
vet att hon måste gå
för hon värnar rätt och fel,
jag önskar bara
att vår vänskap skall bestå.

FAMILJEN

När vi föds
är vi små
och naiva,
vi lär oss gå
och ibland
är vi för aktiva,
men våra föräldrar
dyrkar oss ändå.

Vi växer upp
lär oss skilja
på rätt och fel,
vi blir tonårsbarn
med egen vilja,
gillar ej längre
mys och kel,
plötsligt blir
föräldraskapet
ett lurigt spel.

Vuxenvärlden
lockar oss
runt nästa hörn,
undangömd
är leksakskloss
och favoritbjörn,
det är dags
att pröva vingarna
kanske få en törn.

Kvar står föräldern
med egen minnesbild
av tiden som diplomat,
charmig och vild
fortfarande en liten krabat,
så ser bilden ut
för föräldrar
som barnen i smyg
värderar till 24 karat.

LIVSKAMRATEN

Varför
med sanningen snåla.

Varför
hålla inne med beröm.

När porträttet
du håller på att måla,

föreställer kvinnan
som gjort ditt liv till en dröm.